TRANZLATY

Sprache ist für alle da

Dil herkes içindir

Die Schöne und das Biest

Güzel ve Çirkin

Gabrielle-Suzanne Barbot de Villeneuve

Deutsch / Türkçe

Copyright © 2025 Tranzlaty
All rights reserved
Published by Tranzlaty
ISBN: 978-1-80572-032-4
Original text by Gabrielle-Suzanne Barbot de Villeneuve
La Belle et la Bête
First published in French in 1740
Taken from The Blue Fairy Book (Andrew Lang)
Illustration by Walter Crane
www.tranzlaty.com

Es war einmal ein reicher Kaufmann
Bir zamanlar zengin bir tüccar varmış
dieser reiche Kaufmann hatte sechs Kinder
Bu zengin tüccarın altı çocuğu vardı
Er hatte drei Söhne und drei Töchter
üç oğlu ve üç kızı vardı
Er hat keine Kosten für ihre Ausbildung gescheut
onların eğitimi için hiçbir masraftan kaçınmadı
weil er ein vernünftiger Mann war
çünkü o mantıklı bir adamdı
aber er gab seinen Kindern viele Diener
ama çocuklarına birçok hizmetçi verdi
seine Töchter waren überaus hübsch
kızları son derece güzeldi
und seine jüngste Tochter war besonders hübsch
ve en küçük kızı özellikle güzeldi
Schon als Kind wurde ihre Schönheit bewundert
çocukluğundan beri güzelliği hayranlık uyandırıyordu
und die Leute nannten sie nach ihrer Schönheit
ve insanlar onu güzelliğiyle çağırıyordu
Ihre Schönheit verblasste nicht, als sie älter wurde
Yaşlandıkça güzelliği solmadı
Deshalb nannten die Leute sie weiterhin wegen ihrer Schönheit
bu yüzden insanlar ona güzelliğiyle seslenmeye devam ettiler
das machte ihre Schwestern sehr eifersüchtig
bu kız kardeşlerini çok kıskandırdı
Die beiden ältesten Töchter waren sehr stolz
en büyük iki kız çok gururluydu
Ihr Reichtum war die Quelle ihres Stolzes
zenginlikleri gururlarının kaynağıydı
und sie verbargen ihren Stolz nicht
ve gururlarını da gizlemediler
Sie besuchten nicht die Töchter anderer Kaufleute
diğer tüccarların kızlarını ziyaret etmediler
weil sie nur mit Aristokraten zusammentreffen

çünkü onlar sadece aristokrasiyle buluşuyorlar
Sie gingen jeden Tag zu Partys
her gün partilere gidiyorlardı
Bälle, Theaterstücke, Konzerte usw.
balolar, oyunlar, konserler vb.
und sie lachten über ihre jüngste Schwester
ve en küçük kız kardeşlerine güldüler
weil sie die meiste Zeit mit Lesen verbrachte
çünkü zamanının çoğunu okuyarak geçiriyordu
Es war allgemein bekannt, dass sie reich waren
zengin oldukları biliniyordu
so hielten mehrere bedeutende Kaufleute um ihre Hand an
Böylece birkaç seçkin tüccar onların elini istedi
aber sie sagten, sie würden nicht heiraten
ama evlenmeyeceklerini söylediler
aber sie waren bereit, einige Ausnahmen zu machen
ancak bazı istisnalar yapmaya hazırdılar
„Vielleicht könnte ich einen Herzog heiraten"
"belki bir Dük ile evlenebilirim"
„Ich schätze, ich könnte einen Grafen heiraten"
"Sanırım bir Kontla evlenebilirim"
Schönheit dankte sehr höflich denen, die ihr einen Antrag gemacht hatten
güzellik kendisine evlenme teklif edenlere çok medeni bir şekilde teşekkür etti
Sie sagte ihnen, sie sei noch zu jung zum Heiraten
onlara evlenmek için hala çok genç olduğunu söyledi
Sie wollte noch ein paar Jahre bei ihrem Vater bleiben
Babasıyla birkaç yıl daha kalmak istiyordu
Auf einmal verlor der Kaufmann sein Vermögen
Tüccar birdenbire servetini kaybetti
er verlor alles außer einem kleinen Landhaus
küçük bir kır evi dışında her şeyini kaybetti
und er sagte seinen Kindern mit Tränen in den Augen:
ve çocuklarına gözyaşları içinde şöyle dedi:
„Wir müssen aufs Land gehen"

"Kırsal alana gitmeliyiz"
„und wir müssen für unseren Lebensunterhalt arbeiten"
"ve geçimimizi sağlamak için çalışmalıyız"
die beiden ältesten Töchter wollten die Stadt nicht verlassen
iki büyük kız kasabadan ayrılmak istemiyordu
Sie hatten mehrere Liebhaber in der Stadt
şehirde birkaç sevgilileri vardı
und sie waren sicher, dass einer ihrer Liebhaber sie heiraten würde
ve sevgililerinden birinin onlarla evleneceğinden emindiler
Sie dachten, ihre Liebhaber würden sie heiraten, auch wenn sie kein Vermögen hätten
Hiçbir servetleri olmasa bile sevgililerinin kendileriyle evleneceğini düşünüyorlardı
aber die guten Damen haben sich geirrt
ama iyi hanımlar yanılmıştı
Ihre Liebhaber verließen sie sehr schnell
sevgilileri onları çok çabuk terk etti
weil sie kein Vermögen mehr hatten
çünkü artık servetleri kalmamıştı
das zeigte, dass sie nicht wirklich beliebt waren
bu aslında pek sevilmediklerini gösterdi
alle sagten, sie verdienen kein Mitleid
herkes acınmayı hak etmediğini söyledi
„Wir sind froh, dass ihr Stolz gedemütigt wurde"
"gururlarının kırıldığını görmekten mutluluk duyuyoruz"
„Lasst sie stolz darauf sein, Kühe zu melken"
"İnek sağmaktan gurur duysunlar"
aber sie waren um Schönheit besorgt
ama onlar güzellikle ilgileniyorlardı
sie war so ein süßes Geschöpf
o çok tatlı bir yaratıktı
Sie sprach so freundlich zu armen Leuten
o fakir insanlara çok nazik konuşuyordu
und sie war von solch unschuldiger Natur
ve o kadar masum bir yapıya sahipti ki

Mehrere Herren hätten sie geheiratet
Birkaç beyefendi onunla evlenebilirdi
Sie hätten sie geheiratet, obwohl sie arm war
fakir olmasına rağmen onunla evlenirlerdi
aber sie sagte ihnen, sie könne sie nicht heiraten
ama onlara evlenemeyeceğini söyledi
weil sie ihren Vater nicht verlassen wollte
çünkü babasını terk etmeyecekti
sie war entschlossen, mit ihm aufs Land zu fahren
onunla kırsala gitmeye kararlıydı
damit sie ihn trösten und ihm helfen konnte
böylece onu rahatlatabilir ve ona yardım edebilirdi
Die arme Schönheit war zunächst sehr betrübt
Zavallı güzellik ilk başta çok üzüldü
sie war betrübt über den Verlust ihres Vermögens
servetini kaybetmenin acısını yaşıyordu
„Aber Weinen wird mein Schicksal nicht ändern"
"ama ağlamak benim kaderimi değiştirmeyecek"
„Ich muss versuchen, ohne Reichtum glücklich zu sein"
"Zenginlik olmadan kendimi mutlu etmeye çalışmalıyım"
Sie kamen zu ihrem Landhaus
kır evlerine geldiler
und der Kaufmann und seine drei Söhne widmeten sich der Landwirtschaft
ve tüccar ve üç oğlu kendilerini çiftçiliğe adadılar
Schönheit stand um vier Uhr morgens auf
güzellik sabahın dördünde yükseldi
und sie beeilte sich, das Haus zu putzen
ve evi temizlemek için acele etti
und sie sorgte dafür, dass das Abendessen fertig war
ve akşam yemeğinin hazır olduğundan emin oldu
ihr neues Leben fiel ihr zunächst sehr schwer
Başlangıçta yeni hayatının çok zor olduğunu gördü
weil sie diese Arbeit nicht gewohnt war
çünkü o böyle bir işe alışkın değildi
aber in weniger als zwei Monaten wurde sie stärker

ama iki aydan kısa bir sürede daha da güçlendi
und sie war gesünder als je zuvor
ve her zamankinden daha sağlıklıydı
nachdem sie ihre arbeit erledigt hatte, las sie
işini bitirdikten sonra okudu
sie spielte Cembalo
klavsen çaldı
oder sie sang, während sie Seide spann
veya ipek eğirirken şarkı söyledi
im Gegenteil, ihre beiden Schwestern wussten nicht, wie sie ihre Zeit verbringen sollten
tam tersine, iki kız kardeşi zamanlarını nasıl geçireceklerini bilmiyorlardı
Sie standen um zehn auf und taten den ganzen Tag nichts anderes als herumzufaulenzen
saat onda kalktılar ve bütün gün tembellik etmekten başka bir şey yapmadılar
Sie beklagten den Verlust ihrer schönen Kleider
güzel giysilerini kaybettikleri için ağıt yaktılar
und sie beklagten sich über den Verlust ihrer Bekannten
ve tanıdıklarını kaybettiklerinden şikayet ettiler
„Schau dir unsere jüngste Schwester an", sagten sie zueinander
"En küçük kız kardeşimize bir bakın" dediler birbirlerine
„Was für ein armes und dummes Geschöpf sie ist"
"Ne kadar zavallı ve aptal bir yaratık o"
„Es ist gemein, mit so wenig zufrieden zu sein"
"Bu kadar az şeyle yetinmek ayıptır"
der freundliche Kaufmann war ganz anderer Meinung
nazik tüccar oldukça farklı bir görüşe sahipti
er wusste sehr wohl, dass Schönheit ihre Schwestern übertraf
güzelliğin kız kardeşlerini gölgede bıraktığını çok iyi biliyordu
Sie übertraf sie sowohl charakterlich als auch geistig
hem karakter hem de zihin olarak onlardan daha iyiydi

er bewunderte ihre Bescheidenheit und ihre harte Arbeit
onun alçakgönüllülüğüne ve çalışkanlığına hayrandı
aber am meisten bewunderte er ihre Geduld
ama en çok da onun sabrına hayrandı
Ihre Schwestern überließen ihr die ganze Arbeit
kız kardeşleri ona yapması gereken tüm işleri bıraktı
und sie beleidigten sie ständig
ve her an ona hakaret ettiler
Die Familie hatte etwa ein Jahr lang so gelebt
Aile yaklaşık bir yıldır bu şekilde yaşıyordu
dann bekam der Kaufmann einen Brief von einem Buchhalter
sonra tüccar bir muhasebeciden bir mektup aldı
er hatte in ein Schiff investiert
bir gemiye yatırımı vardı
und das Schiff war sicher angekommen
ve gemi güvenli bir şekilde ulaştı
diese Nachricht ließ die beiden ältesten Töchter staunen
Bu haber iki büyük kızın başını döndürdü
Sie hatten sofort die Hoffnung, in die Stadt zurückzukehren
hemen şehre dönmeyi umut ettiler
weil sie des Landlebens überdrüssig waren
çünkü kırsal yaşamdan oldukça yorgundular
Sie gingen zu ihrem Vater, als er ging
babaları ayrılırken yanına gittiler
Sie baten ihn, ihnen neue Kleider zu kaufen
ondan kendilerine yeni kıyafetler almasını rica ettiler
Kleider, Bänder und allerlei Kleinigkeiten
elbiseler, kurdeleler ve her türlü küçük şeyler
aber die Schönheit verlangte nichts
ama güzellik hiçbir şey istemedi
weil sie dachte, das Geld würde nicht reichen
çünkü paranın yeterli olmayacağını düşünüyordu
es würde nicht reichen, um alles zu kaufen, was ihre Schwestern wollten
kız kardeşlerinin istediği her şeyi satın almaya yetecek kadar

para olmayacaktı
„Was möchtest du, Schönheit?", fragte ihr Vater
"Ne istersin güzelim?" diye sordu babası.
"Danke, Vater, dass du so nett bist, an mich zu denken", sagte sie
"Teşekkür ederim baba, beni düşündüğün için" dedi
„Vater, sei so freundlich und bring mir eine Rose mit"
"Baba, lütfen bana bir gül getir"
„weil hier im Garten keine Rosen wachsen"
"çünkü burada bahçede gül yetişmiyor"
„und Rosen sind eine Art Rarität"
"ve güller bir tür nadirliktir"
Schönheit mochte Rosen nicht wirklich
güzellik gülleri pek umursamadı
sie bat nur um etwas, um ihre Schwestern nicht zu verurteilen
o sadece kız kardeşlerini kınamak için değil bir şey istedi
aber ihre Schwestern dachten, sie hätte aus anderen Gründen nach Rosen gefragt
ama kız kardeşleri onun gülleri başka sebeplerden dolayı istediğini düşündüler
„Sie hat es nur getan, um besonders auszusehen"
"sadece özel görünmek için yaptı"
Der freundliche Mann machte sich auf die Reise
İyi adam yolculuğuna devam etti
aber als er ankam, stritten sie über die Ware
ama o geldiğinde mallar hakkında tartıştılar
und nach viel Ärger kam er genauso arm zurück wie zuvor
ve bir sürü sıkıntıdan sonra eskisi kadar fakir bir şekilde geri döndü
er war nur ein paar Stunden von seinem eigenen Haus entfernt
kendi evine birkaç saat uzaklıktaydı
und er stellte sich schon die Freude vor, seine Kinder zu sehen
ve çocuklarını görmenin sevincini çoktan hayal etmişti

aber als er durch den Wald ging, verirrte er sich
ama ormandan geçerken kayboldu
es hat furchtbar geregnet und geschneit
korkunç yağmur ve kar yağdı
der Wind war so stark, dass er ihn vom Pferd warf
rüzgar o kadar kuvvetliydi ki onu atından düşürdü
und die Nacht kam schnell
ve gece hızla yaklaşıyordu
er begann zu glauben, er müsse verhungern
Açlıktan ölebileceğini düşünmeye başladı
und er dachte, er könnte erfrieren
ve donarak ölebileceğini düşündü
und er dachte, Wölfe könnten ihn fressen
ve kurtların onu yiyebileceğini düşündü
die Wölfe, die er um sich herum heulen hörte
etrafında uluyan kurtları duydu
aber plötzlich sah er ein Licht
ama aniden bir ışık gördü
er sah das Licht in der Ferne durch die Bäume
ağaçların arasından uzaktan ışığı gördü
als er näher kam, sah er, dass das Licht ein Palast war
Yaklaştığında ışığın bir saray olduğunu gördü
der Palast war von oben bis unten beleuchtet
saray tepeden tırnağa aydınlatılmıştı
Der Kaufmann dankte Gott für sein Glück
Tüccar şansı için Tanrı'ya şükretti
und er eilte zum Palast
ve saraya doğru acele etti
aber er war überrascht, keine Leute im Palast zu sehen
ama sarayda hiç kimseyi göremeyince şaşırdı
der Hof war völlig leer
avlu tamamen boştu
und nirgendwo ein Lebenszeichen
ve hiçbir yerde yaşam belirtisi yoktu
sein Pferd folgte ihm in den Palast
atı onu saraya kadar takip etti

und dann fand sein Pferd großen Stall
ve sonra atı büyük bir ahır buldu
das arme Tier war fast verhungert
zavallı hayvan neredeyse açlıktan ölüyordu
also ging sein Pferd hinein, um Heu und Hafer zu finden
böylece atı saman ve yulaf bulmak için içeri girdi
zum Glück fand er reichlich zu essen
Neyse ki yiyecek bol miktarda buldu
und der Kaufmann band sein Pferd an die Krippe
ve tüccar atını yemliğe bağladı
Als er zum Haus ging, sah er niemanden
yürürken kimseyi göremedi
aber in einer großen Halle fand er ein gutes Feuer
ama büyük bir salonda iyi bir ateş buldu
und er fand einen Tisch für eine Person gedeckt
ve bir kişilik bir masa buldu
er war nass vom Regen und Schnee
yağmurdan ve kardan ıslanmıştı
Also ging er zum Feuer, um sich abzutrocknen
bu yüzden kendini kurutmak için ateşin yanına gitti
„Ich hoffe, der Hausherr entschuldigt mich"
"Evin efendisinin beni mazur görmesini umuyorum"
„Ich schätze, es wird nicht lange dauern, bis jemand auftaucht."
"Sanırım birinin ortaya çıkması uzun sürmeyecek"
Er wartete eine beträchtliche Zeit
Uzun bir süre bekledi
er wartete, bis es elf schlug, und noch immer kam niemand
saat on bire kadar bekledi ve hala kimse gelmedi
Schließlich war er so hungrig, dass er nicht länger warten konnte
sonunda o kadar acıktı ki artık bekleyemedi
er nahm ein Hühnchen und aß es in zwei Bissen
biraz tavuk aldı ve iki lokmada yedi
er zitterte beim Essen
yemeği yerken titriyordu

danach trank er ein paar Gläser Wein
bundan sonra birkaç kadeh şarap içti
Er wurde mutiger und verließ den Saal
daha da cesaretlenerek salondan çıktı
und er durchquerte mehrere große Hallen
ve birkaç büyük salondan geçti
Er ging durch den Palast, bis er in eine Kammer kam
sarayın içinden geçerek bir odaya geldi
eine Kammer, in der sich ein überaus gutes Bett befand
İçinde çok iyi bir yatak bulunan bir oda
er war von der Tortur sehr erschöpft
yaşadığı çileden dolayı çok yorgundu
und es war schon nach Mitternacht
ve zaman gece yarısını çoktan geçmişti
also beschloss er, dass es das Beste sei, die Tür zu schließen
bu yüzden kapıyı kapatmanın en iyisi olduğuna karar verdi
und er beschloss, dass er zu Bett gehen sollte
ve yatağa gitmesi gerektiği sonucuna vardı
Es war zehn Uhr morgens, als der Kaufmann aufwachte
Tüccar uyandığında saat sabahın onuydu
gerade als er aufstehen wollte, sah er etwas
Tam ayağa kalkacakken bir şey gördü
er war erstaunt, saubere Kleidung zu sehen
temiz bir elbise takımı görünce şaşkına döndü
an der Stelle, wo er seine schmutzigen Kleider zurückgelassen hatte
Kirli giysilerini bıraktığı yerde
"Mit Sicherheit gehört dieser Palast einer netten Fee"
"Elbette bu saray bir periye ait"
„eine Fee, die mich gesehen und bemitleidet hat"
" beni görüp acıyan bir peri"
er sah durch ein Fenster
Bir pencereden baktı
aber statt Schnee sah er den herrlichsten Garten
ama kar yerine en güzel bahçeyi gördü
und im Garten waren die schönsten Rosen

ve bahçede en güzel güller vardı
dann kehrte er in die große Halle zurück
sonra büyük salona geri döndü
der Saal, in dem er am Abend zuvor Suppe gegessen hatte
önceki gece çorba içtiği salon
und er fand etwas Schokolade auf einem kleinen Tisch
ve küçük bir masanın üzerinde biraz çikolata buldu
„Danke, liebe Frau Fee", sagte er laut
"Teşekkür ederim, iyi Peri Hanım," dedi yüksek sesle
„Danke für Ihre Fürsorge"
"bu kadar ilgili olduğunuz için teşekkür ederim"
„Ich bin Ihnen für all Ihre Gefälligkeiten äußerst dankbar"
"Bütün iyilikleriniz için size çok minnettarım"
Der freundliche Mann trank seine Schokolade
iyi adam çikolatasını içti
und dann ging er sein Pferd suchen
ve sonra atını aramaya gitti
aber im Garten erinnerte er sich an die Bitte der Schönheit
ama bahçede güzelliğin isteğini hatırladı
und er schnitt einen Rosenzweig ab
ve bir gül dalını kesti
sofort hörte er ein lautes Geräusch
hemen büyük bir gürültü duydu
und er sah ein furchtbar furchtbares Tier
ve korkunç derecede korkunç bir canavar gördü
er war so erschrocken, dass er kurz davor war, ohnmächtig zu werden
o kadar korkmuştu ki bayılmak üzereydi
„Du bist sehr undankbar", sagte das Tier zu ihm
"Sen çok nankörsün" dedi canavar ona
und das Tier sprach mit schrecklicher Stimme
ve canavar korkunç bir sesle konuştu
„Ich habe dein Leben gerettet, indem ich dich in mein Schloss gelassen habe"
"Seni kaleme alarak hayatını kurtardım"
"und dafür stiehlst du mir im Gegenzug meine Rosen?"

"ve bunun karşılığında güllerimi mi çalıyorsun?"
„Die Rosen sind für mich mehr wert als alles andere"
"Her şeyden çok değer verdiğim güller"
„Aber du wirst für das, was du getan hast, sterben"
"ama yaptığın şey yüzünden öleceksin"
„Ich gebe Ihnen nur eine Viertelstunde, um sich vorzubereiten"
"Size hazırlanmanız için sadece çeyrek saat veriyorum"
„Bereiten Sie sich auf den Tod vor und sprechen Sie Ihre Gebete"
"Ölüme hazırlanın ve dualarınızı edin"
der Kaufmann fiel auf die Knie
tüccar dizlerinin üzerine çöktü
und er hob beide Hände
ve iki elini de kaldırdı
„Mein Herr, ich flehe Sie an, mir zu vergeben"
"Efendim, yalvarıyorum beni bağışlayın"
„Ich hatte nicht die Absicht, Sie zu beleidigen"
"Seni gücendirmek gibi bir niyetim yoktu"
„Ich habe für eine meiner Töchter eine Rose gepflückt"
"Kızlarımdan biri için bir gül topladım"
„Sie bat mich, ihr eine Rose mitzubringen"
"Bana bir gül getirmemi istedi"
„Ich bin nicht euer Herr, sondern ein Tier", antwortete das Monster
"Ben sizin efendiniz değilim, ama bir canavarım" diye cevapladı canavar
„Ich mag keine Komplimente"
"İltifatları sevmiyorum"
„Ich mag Menschen, die so sprechen, wie sie denken"
"Düşündüğü gibi konuşan insanları severim"
„glauben Sie nicht, dass ich durch Schmeicheleien bewegt werden kann"
"Dalkavuklukla etkilenebileceğimi sanmıyorum"
„Aber Sie sagen, Sie haben Töchter"
"Ama kızların olduğunu söylüyorsun"

„Ich werde dir unter einer Bedingung vergeben"
"Seni bir şartla affederim"
„Eine deiner Töchter muss freiwillig in meinen Palast kommen"
"Kızlarınızdan biri gönüllü olarak sarayıma gelmeli"
"und sie muss für dich leiden"
"ve o senin için acı çekmeli"
„Gib mir Dein Wort"
"Sözünüzü bana verin"
„Und dann können Sie Ihren Geschäften nachgehen"
"ve sonra işinize devam edebilirsiniz"
„Versprich mir das:"
"Bana şunu vaat et:"
„Wenn Ihre Tochter sich weigert, für Sie zu sterben, müssen Sie innerhalb von drei Monaten zurückkehren"
"Kızınız sizin için ölmeyi reddederse, üç ay içinde geri dönmelisiniz"
der Kaufmann hatte nicht die Absicht, seine Töchter zu opfern
tüccarın kızlarını kurban etme niyeti yoktu
aber da ihm Zeit gegeben wurde, wollte er seine Töchter noch einmal sehen
ama kendisine zaman tanındığı için kızlarını bir kez daha görmek istiyordu
also versprach er, dass er zurückkehren würde
bu yüzden geri döneceğine söz verdi
und das Tier sagte ihm, er könne aufbrechen, wann er wolle
ve canavar ona istediği zaman yola çıkabileceğini söyledi
und das Tier erzählte ihm noch etwas
ve canavar ona bir şey daha söyledi
„Du sollst nicht mit leeren Händen gehen"
"Boş elle ayrılmayacaksın"
„Geh zurück in das Zimmer, in dem du lagst"
"yattığın odaya geri dön"
„Sie werden eine große leere Schatzkiste sehen"
"Büyük, boş bir hazine sandığı göreceksin"

„Fülle die Schatzkiste mit allem, was Dir am besten gefällt"
"hazine sandığını en çok sevdiğin şeylerle doldur"
„und ich werde die Schatzkiste zu Dir nach Hause schicken"
"ve hazine sandığını evine göndereceğim"
und gleichzeitig zog sich das Tier zurück
ve aynı zamanda canavar geri çekildi
„Nun", sagte sich der gute Mann
"Peki," dedi iyi adam kendi kendine
„Wenn ich sterben muss, werde ich meinen Kindern wenigstens etwas hinterlassen"
"Eğer ölmem gerekirse, en azından çocuklarıma bir şeyler bırakacağım"
so kehrte er ins Schlafzimmer zurück
böylece yatak odasına geri döndü
und er fand sehr viele Goldstücke
ve çok sayıda altın parçası buldu
er füllte die Schatzkiste, die das Tier erwähnt hatte
canavarın bahsettiği hazine sandığını doldurdu
und er holte sein Pferd aus dem Stall
ve atını ahırdan çıkardı
die Freude, die er beim Betreten des Palastes empfand, war nun genauso groß wie die Trauer, die er beim Verlassen des Palastes empfand
Saraya girerken hissettiği sevinç, ayrılırken hissettiği üzüntüye eşitti artık.
Das Pferd nahm einen der Wege im Wald
at ormanın yollarından birini seçti
und in wenigen Stunden war der gute Mann zu Hause
ve birkaç saat içinde iyi adam evdeydi
seine Kinder kamen zu ihm
çocukları ona geldi
aber anstatt ihre Umarmungen mit Freude entgegenzunehmen, sah er sie an
ama onların kucaklaşmalarını zevkle karşılamak yerine, onlara baktı
er hielt den Ast hoch, den er in den Händen hielt

elindeki dalı havaya kaldırdı
und dann brach er in Tränen aus
ve sonra gözyaşlarına boğuldu
„Schönheit", sagte er, „nimm bitte diese Rosen"
"güzellik," dedi, "lütfen bu gülleri al"
„Sie können nicht wissen, wie teuer diese Rosen waren"
"bu güllerin ne kadar pahalı olduğunu bilemezsin"
„Diese Rosen haben deinen Vater das Leben gekostet"
"bu güller babanın hayatına mal oldu"
und dann erzählte er von seinem tödlichen Abenteuer
ve sonra ölümcül macerasını anlattı
Sofort schrien die beiden ältesten Schwestern
hemen iki büyük kız kardeş bağırdı
und sie sagten viele gemeine Dinge zu ihrer schönen Schwester
ve güzel kız kardeşlerine birçok kötü şey söylediler
aber die Schönheit weinte überhaupt nicht
ama güzellik hiç ağlamadı
„Seht euch den Stolz dieses kleinen Schurken an", sagten sie
"Şu küçük alçağın gururuna bak," dediler.
„Sie hat nicht nach schönen Kleidern gefragt"
"güzel giysiler istemedi"
„Sie hätte tun sollen, was wir getan haben"
"bizim yaptığımızı o da yapmalıydı"
„Sie wollte sich hervortun"
"kendini farklılaştırmak istedi"
„so wird sie nun den Tod unseres Vaters bedeuten"
"şimdi o bizim babamızın ölümü olacak"
„und doch vergießt sie keine Träne"
"ve yine de gözyaşı dökmüyor"
"Warum sollte ich weinen?", antwortete die Schönheit
"Neden ağlayayım?" diye cevapladı güzellik
„Weinen wäre völlig unnötig"
"ağlamak çok gereksiz olurdu"
„Mein Vater wird nicht für mich leiden"

"babam benim için acı çekmeyecek"
„Das Monster wird eine seiner Töchter akzeptieren"
"canavar kızlarından birini kabul edecek"
„Ich werde mich seiner ganzen Wut aussetzen"
"Kendimi onun bütün öfkesine sunacağım"
„Ich bin sehr glücklich, denn mein Tod wird das Leben meines Vaters retten"
"Çok mutluyum, çünkü benim ölümüm babamın hayatını kurtaracak"
„Mein Tod wird ein Beweis meiner Liebe sein"
"Ölümüm aşkımın kanıtı olacak"
„Nein, Schwester", sagten ihre drei Brüder
"Hayır, kız kardeşim," dedi üç erkek kardeşi
„das darf nicht sein"
"bu olmayacak"
„Wir werden das Monster finden"
"canavarı bulmaya gideceğiz"
"und entweder wir werden ihn töten..."
"ya da onu öldüreceğiz..."
„... oder wir werden bei dem Versuch umkommen"
"...ya da bu girişimde yok olacağız"
„Stellt euch nichts dergleichen vor, meine Söhne", sagte der Kaufmann
"Böyle bir şeyi hayal etmeyin oğullarım," dedi tüccar
„Die Kraft des Biests ist so groß, dass ich keine Hoffnung habe, dass Ihr es besiegen könntet."
"Canavarın gücü o kadar büyük ki onu yenebileceğine dair hiçbir umudum yok"
„Ich bin entzückt von dem freundlichen und großzügigen Angebot der Schönheit"
"Güzelliğin nazik ve cömert teklifi beni büyüledi"
„aber ich kann ihre Großzügigkeit nicht annehmen"
"ama onun cömertliğini kabul edemem"
„Ich bin alt und habe nicht mehr lange zu leben"
"Yaşlıyım ve yaşayacak uzun zamanım yok"
„also kann ich nur ein paar Jahre verlieren"

"bu yüzden sadece birkaç yıl kaybedebilirim"
„Zeit, die ich für euch bereue, meine lieben Kinder"
"Sizin için üzüldüğüm bir zaman, sevgili çocuklarım"
„Aber Vater", sagte die Schönheit
"Ama baba," dedi güzellik
„Du sollst nicht ohne mich in den Palast gehen"
"Ben olmadan saraya gidemezsin"
„Du kannst mich nicht davon abhalten, dir zu folgen"
"beni takip etmekten alıkoyamazsın"
nichts könnte Schönheit vom Gegenteil überzeugen
güzelliği başka türlü ikna edebilecek hiçbir şey yoktu
Sie bestand darauf, in den schönen Palast zu gehen
o güzel saraya gitmekte ısrar etti
und ihre Schwestern waren erfreut über ihre Beharrlichkeit
ve kız kardeşleri onun ısrarından çok memnundu
Der Kaufmann war besorgt bei dem Gedanken, seine Tochter zu verlieren
Tüccar kızını kaybetme düşüncesiyle endişeleniyordu
er war so besorgt, dass er die Truhe voller Gold vergessen hatte
O kadar endişeliydi ki altın dolu sandığı unutmuştu
Abends begab er sich zur Ruhe und schloss die Tür seines Zimmers.
gece dinlenmek için odasına çekildi ve odasının kapısını kapattı
Dann fand er zu seinem großen Erstaunen den Schatz neben seinem Bett.
sonra, büyük bir şaşkınlıkla, hazineyi yatağının yanında buldu
er war entschlossen, es seinen Kindern nicht zu erzählen
çocuklarına söylememeye kararlıydı
Wenn sie es gewusst hätten, wären sie in die Stadt zurückgekehrt
eğer bilselerdi, şehre geri dönmek isterlerdi
und er war entschlossen, das Land nicht zu verlassen
ve kırsaldan ayrılmamaya kararlıydı
aber er vertraute der Schönheit das Geheimnis

ama sırrı güzelliğe emanet etti
Sie teilte ihm mit, dass zwei Herren gekommen seien
ona iki beyefendinin geldiğini bildirdi
und sie machten ihren Schwestern einen Heiratsantrag
ve kız kardeşlerine tekliflerde bulundular
Sie bat ihren Vater, ihrer Heirat zuzustimmen
babasından evlenmelerine izin vermesini rica etti
und sie bat ihn, ihnen etwas von seinem Vermögen zu geben
ve ondan servetinin bir kısmını onlara vermesini istedi
sie hatte ihnen bereits vergeben
onları çoktan affetmişti
Die bösen Kreaturen rieben ihre Augen mit Zwiebeln
Kötü yaratıklar gözlerini soğanla ovuşturdular
um beim Abschied von der Schwester ein paar Tränen zu vergießen
kız kardeşlerinden ayrılırken biraz gözyaşı dökmek için
aber ihre Brüder waren wirklich besorgt
ama kardeşleri gerçekten endişeliydi
Schönheit war die einzige, die keine Tränen vergoss
tek gözyaşı dökmeyen güzellikti
sie wollte ihr Unbehagen nicht vergrößern
onların huzursuzluğunu artırmak istemedi
Das Pferd nahm den direkten Weg zum Palast
at saraya giden direkt yolu seçti
und gegen Abend sahen sie den erleuchteten Palast
ve akşama doğru aydınlatılmış sarayı gördüler
das Pferd begab sich wieder in den Stall
at tekrar ahıra girdi
und der gute Mann und seine Tochter gingen in die große Halle
ve iyi adam ve kızı büyük salona girdiler
hier fanden sie einen herrlich gedeckten Tisch
Burada muhteşem bir şekilde servis edilmiş bir masa buldular
der Kaufmann hatte keinen Appetit zu essen
Tüccarın yemek yeme iştahı yoktu

aber die Schönheit bemühte sich, fröhlich zu erscheinen
ama güzellik neşeli görünmeye çalıştı
sie setzte sich an den Tisch und half ihrem Vater
masaya oturdu ve babasına yardım etti
aber sie dachte auch bei sich:
ama aynı zamanda kendi kendine şöyle de düşündü:
„Das Biest will mich sicher mästen, bevor es mich frisst"
"Canavar beni yemeden önce kesinlikle beni şişmanlatmak istiyor"
„deshalb sorgt er für so viel Unterhaltung"
"bu yüzden bu kadar bol eğlence sunuyor"
Nachdem sie gegessen hatten, hörten sie ein großes Geräusch
Yemek yedikten sonra büyük bir gürültü duydular
und der Kaufmann verabschiedete sich mit Tränen in den Augen von seinem unglücklichen Kind
ve tüccar talihsiz çocuğuna gözlerinde yaşlarla veda etti
weil er wusste, dass das Biest kommen würde
çünkü canavarın geleceğini biliyordu
Die Schönheit war entsetzt über seine schreckliche Gestalt
güzellik onun korkunç biçiminden dehşete kapılmıştı
aber sie nahm ihren Mut zusammen, so gut sie konnte
ama elinden geldiğince cesaretini topladı
und das Monster fragte sie, ob sie freiwillig mitkäme
ve canavar ona gönüllü olarak gelip gelmediğini sordu
"ja, ich bin freiwillig gekommen", sagte sie zitternd
"Evet, isteyerek geldim," dedi titreyerek
Das Tier antwortete: „Du bist sehr gut"
canavar cevap verdi, "Sen çok iyisin"
„und ich bin Ihnen zu großem Dank verpflichtet, ehrlicher Mann"
"ve sana çok minnettarım; dürüst adam"
„Geht morgen früh eure Wege"
"yarın sabah yollarınıza gidin"
„aber denk nie daran, wieder hierher zu kommen"
"ama bir daha buraya gelmeyi asla düşünme"

„Lebe wohl, Schönheit, lebe wohl, Biest", antwortete er
"Elveda güzellik, elveda canavar" diye cevapladı
und sofort zog sich das Monster zurück
ve canavar hemen geri çekildi
"Oh, Tochter", sagte der Kaufmann
"Ah kızım," dedi tüccar
und er umarmte seine Tochter noch einmal
ve kızını bir kez daha kucakladı
„Ich habe fast Todesangst"
"Neredeyse ölümden korkuyorum"
„glauben Sie mir, Sie sollten lieber zurückgehen"
"İnanın bana, geri dönmeniz daha iyi olur"
„Lass mich hier bleiben, statt dir"
"Ben burada kalayım, senin yerine"
„Nein, Vater", sagte die Schönheit entschlossen
"Hayır, baba," dedi güzellik kararlı bir tonda
„Du sollst morgen früh aufbrechen"
"yarın sabah yola çıkacaksın"
„überlasse mich der Obhut und dem Schutz der Vorsehung"
"Beni ilahi takdirin bakımına ve korumasına bırak"
trotzdem gingen sie zu Bett
yine de yatağa gittiler
Sie dachten, sie würden die ganze Nacht kein Auge zutun
bütün gece gözlerini kapatmayacaklarını sandılar
aber als sie sich hinlegten, schliefen sie ein
ama tam yattıkları anda uyudular
Die Schönheit träumte, eine schöne Dame kam und sagte zu ihr:
Güzel rüya gören güzel bir kadın yanına geldi ve şöyle dedi:
„Ich bin zufrieden, Schönheit, mit deinem guten Willen"
"Ben senin iyi niyetinle mutluyum, güzellik"
„Diese gute Tat von Ihnen wird nicht unbelohnt bleiben"
"Bu iyi eylemin karşılıksız kalmayacak"
Die Schöne erwachte und erzählte ihrem Vater ihren Traum
güzel uyandı ve babasına rüyasını anlattı
der Traum tröstete ihn ein wenig

rüya onu biraz rahatlatmaya yardımcı oldu
aber er konnte nicht anders, als bitterlich zu weinen, als er ging
ama ayrılırken acı bir şekilde ağlamaktan kendini alamadı
Sobald er weg war, setzte sich Schönheit in die große Halle und weinte ebenfalls
O gittikten hemen sonra, güzellik büyük salona oturdu ve o da ağladı
aber sie beschloss, sich keine Sorgen zu machen
ama huzursuz olmamaya karar verdi
Sie beschloss, in der kurzen Zeit, die ihr noch zu leben blieb, stark zu sein
Yaşamak için kalan az zamanı boyunca güçlü olmaya karar verdi
weil sie fest davon überzeugt war, dass das Biest sie fressen würde
çünkü canavarın onu yiyeceğine kesinlikle inanıyordu
Sie dachte jedoch, sie könnte genauso gut den Palast erkunden
ancak sarayı keşfetmenin iyi olacağını düşündü
und sie wollte das schöne Schloss besichtigen
ve o güzel şatoyu görmek istiyordu
ein Schloss, das sie bewundern musste
hayran olmaktan kendini alamadığı bir şato
Es war ein wunderbar angenehmer Palast
çok hoş ve keyifli bir saraydı
und sie war äußerst überrascht, als sie eine Tür sah
ve bir kapı görünce çok şaşırdı
und über der Tür stand, dass es ihr Zimmer sei
ve kapının üzerinde onun odası olduğu yazıyordu
sie öffnete hastig die Tür
aceleyle kapıyı açtı
und sie war ganz geblendet von der Pracht des Raumes
ve odanın ihtişamı karşısında adeta büyülenmişti
was ihre Aufmerksamkeit vor allem auf sich zog, war eine große Bibliothek

dikkatini çeken şey büyük bir kütüphaneydi
ein Cembalo und mehrere Notenbücher
bir klavsen ve birkaç müzik kitabı
„Nun", sagte sie zu sich selbst
"Peki," dedi kendi kendine
„Ich sehe, das Biest wird meine Zeit nicht verstreichen lassen"
"Canavarın zamanımın ağırlaşmasına izin vermeyeceğini görüyorum"
dann dachte sie über ihre Situation nach
sonra kendi durumunu düşündü
„Wenn ich einen Tag bleiben sollte, wäre das alles nicht hier"
"Eğer bir gün kalmam gerekseydi bunların hiçbiri burada olmazdı"
diese Überlegung gab ihr neuen Mut
bu düşünce ona taze bir cesaret verdi
und sie nahm ein Buch aus ihrer neuen Bibliothek
ve yeni kütüphanesinden bir kitap aldı
und sie las diese Worte in goldenen Buchstaben:
ve şu sözleri altın harflerle okudu:
„Begrüße Schönheit, vertreibe die Angst"
"Güzelliği hoş karşıla, korkuyu kov"
„Du bist hier Königin und Herrin"
"Sen buranın kraliçesi ve hanımısın"
„Sprich deine Wünsche aus, sprich deinen Willen aus"
"İsteklerinizi söyleyin, iradenizi söyleyin"
„Schneller Gehorsam begegnet hier Ihren Wünschen"
"Burada hızlı itaat isteklerinizi karşılar"
"Ach", sagte sie mit einem Seufzer
"Ah," dedi iç çekerek
„Am meisten wünsche ich mir, meinen armen Vater zu sehen"
"En çok zavallı babamı görmek istiyorum"
„und ich würde gerne wissen, was er tut"
"ve ne yaptığını bilmek isterim"

Kaum hatte sie das gesagt, bemerkte sie den Spiegel
Bunu söyler söylemez aynayı fark etti
zu ihrem großen Erstaunen sah sie ihr eigenes Zuhause im Spiegel
büyük bir şaşkınlıkla aynada kendi evini gördü
Ihr Vater kam emotional erschöpft an
babası duygusal olarak bitkin bir halde geldi
Ihre Schwestern gingen ihm entgegen
kız kardeşleri onunla buluşmaya gittiler
trotz ihrer Versuche, traurig zu wirken, war ihre Freude sichtbar
üzgün görünmeye çalışmalarına rağmen sevinçleri gözle görülür şekildeydi
einen Moment später war alles verschwunden
bir an sonra her şey kayboldu
und auch die Befürchtungen der Schönheit verschwanden
ve güzelliğin endişeleri de ortadan kayboldu
denn sie wusste, dass sie dem Tier vertrauen konnte
çünkü canavara güvenebileceğini biliyordu
Mittags fand sie das Abendessen fertig
Öğle vakti akşam yemeğini hazır buldu
sie setzte sich an den Tisch
o masaya oturdu
und sie wurde mit einem Musikkonzert unterhalten
ve bir müzik konseriyle eğlendirildi
obwohl sie niemanden sehen konnte
kimseyi görememesine rağmen
abends setzte sie sich wieder zum Abendessen
gece tekrar akşam yemeğine oturdu
diesmal hörte sie das Geräusch, das das Tier machte
bu sefer canavarın çıkardığı sesi duydu
und sie konnte nicht anders, als Angst zu haben
ve dehşete kapılmadan edemedi
"Schönheit", sagte das Monster
"güzellik" dedi canavar
"erlaubst du mir, mit dir zu essen?"

"Benimle birlikte yemek yememe izin verir misin?"
"Mach, was du willst", antwortete die Schönheit zitternd
"İstediğini yap," diye cevapladı güzellik titreyerek
„Nein", antwortete das Tier
"Hayır," diye cevapladı canavar
„Du allein bist hier die Herrin"
"burada tek hanım sensin"
„Sie können mich wegschicken, wenn ich Ärger mache"
"Eğer sorun çıkarırsam beni gönderebilirsin"
„schick mich fort, und ich werde mich sofort zurückziehen"
"beni gönderin, hemen geri çekileyim"
„Aber sagen Sie mir: Finden Sie mich nicht sehr hässlich?"
"Ama söyle bana; sence ben çok çirkin değil miyim?"
„Das stimmt", sagte die Schönheit
"Bu doğru" dedi güzellik
„Ich kann nicht lügen"
"Yalan söyleyemem"
„aber ich glaube, Sie sind sehr gutmütig"
"ama senin çok iyi huylu olduğuna inanıyorum"
„Das bin ich tatsächlich", sagte das Monster
"Evet öyleyim" dedi canavar
„Aber abgesehen von meiner Hässlichkeit habe ich auch keinen Verstand"
"Ama çirkinliğimin yanı sıra, aklım da yok"
„Ich weiß sehr wohl, dass ich ein dummes Wesen bin"
"Ben aptal bir yaratık olduğumu çok iyi biliyorum"
„Es ist kein Zeichen von Torheit, so zu denken", antwortete die Schönheit
"Böyle düşünmek aptallık belirtisi değil," diye cevapladı güzellik
„Dann iss, Schönheit", sagte das Monster
"Öyleyse ye, güzellik," dedi canavar
„Versuchen Sie, sich in Ihrem Palast zu amüsieren"
"Sarayında eğlenmeye çalış"
"alles hier gehört dir"
"buradaki her şey senin"

„Und ich wäre sehr unruhig, wenn Sie nicht glücklich wären"
"ve eğer sen mutlu olmasaydın ben çok rahatsız olurdum"
„Sie sind sehr zuvorkommend", antwortete die Schönheit
"Çok naziksiniz," diye cevapladı güzellik
„Ich gebe zu, ich freue mich über Ihre Freundlichkeit"
"İtiraf ediyorum ki nezaketinizden memnun kaldım"
„Und wenn ich über deine Freundlichkeit nachdenke, fallen mir deine Missbildungen kaum auf"
"ve nezaketinizi düşündüğümde, çirkinliklerinizi neredeyse fark etmiyorum"
„Ja, ja", sagte das Tier, „mein Herz ist gut
"Evet, evet," dedi canavar, "kalbim iyi
„Aber obwohl ich gut bin, bin ich immer noch ein Monster"
"ama iyi olsam da hala bir canavarım"
„Es gibt viele Männer, die diesen Namen mehr verdienen als Sie."
"Senden daha çok bu ismi hak eden birçok adam var"
„und ich bevorzuge dich, so wie du bist"
"ve ben seni olduğun gibi tercih ediyorum"
„und ich ziehe dich denen vor, die ein undankbares Herz verbergen"
"Ve ben seni nankör bir kalbi gizleyenlerden daha çok tercih ederim"
"Wenn ich nur etwas Verstand hätte", antwortete das Biest
"Keşke biraz aklım olsaydı," diye cevapladı canavar
„Wenn ich vernünftig wäre, würde ich Ihnen als Dank ein schönes Kompliment machen"
"Aklım olsaydı sana teşekkür etmek için güzel bir iltifat yapardım"
"aber ich bin so langweilig"
"ama ben çok sıkıcıyım"
„Ich kann nur sagen, dass ich Ihnen zu großem Dank verpflichtet bin"
"Sadece size çok minnettar olduğumu söyleyebilirim"
Schönheit aß ein herzhaftes Abendessen

güzellik doyurucu bir akşam yemeği yedi
und sie hatte ihre Angst vor dem Monster fast überwunden
ve canavar korkusunu neredeyse yenmişti
aber sie wollte ohnmächtig werden, als das Biest ihr die nächste Frage stellte
ama canavar ona bir sonraki soruyu sorduğunda bayılmak istedi
"Schönheit, willst du meine Frau werden?"
"güzelim, karım olur musun?"
es dauerte eine Weile, bis sie antworten konnte
cevap verebilmesi için biraz zaman geçmesi gerekti
weil sie Angst hatte, ihn wütend zu machen
çünkü onu kızdırmaktan korkuyordu
Schließlich sagte sie jedoch "nein, Biest"
en sonunda, "hayır, canavar" dedi
sofort zischte das arme Monster ganz fürchterlich
zavallı canavar hemen çok korkunç bir şekilde tısladı
und der ganze Palast hallte
ve tüm saray yankılandı
aber die Schönheit erholte sich bald von ihrem Schrecken
ama güzellik kısa sürede korkusundan kurtuldu
denn das Tier sprach wieder mit trauriger Stimme
çünkü canavar yine hüzünlü bir sesle konuştu
„Dann leb wohl, Schönheit"
"o zaman elveda güzellik"
und er drehte sich nur ab und zu um
ve o sadece arada sırada geri döndü
um sie anzusehen, als er hinausging
dışarı çıkarken ona bakmak
jetzt war die Schönheit wieder allein
şimdi güzellik yine yalnızdı
Sie empfand großes Mitgefühl
çok büyük bir şefkat hissetti
„Ach, es ist tausendmal schade"
"Ah, bin yazık"
„Etwas, das so gutmütig ist, sollte nicht so hässlich sein"

"Bu kadar iyi huylu bir şey bu kadar çirkin olmamalı"
Schönheit verbrachte drei Monate sehr zufrieden im Palast
güzel sarayda üç ay çok mutlu bir şekilde geçirdi
jeden Abend stattete ihr das Biest einen Besuch ab
her akşam canavar onu ziyarete geliyordu
und sie redeten beim Abendessen
ve akşam yemeğinde konuştular
Sie sprachen mit gesundem Menschenverstand
sağduyuyla konuştular
aber sie sprachen nicht mit dem, was man als geistreich bezeichnet
ama insanların nüktedanlık dediği şeyle konuşmadılar
Schönheit entdeckte immer einen wertvollen Charakter im Biest
güzellik her zaman canavarda değerli bir karakter keşfetti
und sie hatte sich an seine Missbildung gewöhnt
ve onun deformitesine alışmıştı
sie fürchtete sich nicht mehr vor seinem Besuch
artık onun ziyaretinin zamanından korkmuyordu
jetzt schaute sie oft auf die Uhr
artık sık sık saatine bakıyordu
und sie konnte es kaum erwarten, bis es neun Uhr war
ve saatin dokuz olmasını sabırsızlıkla bekliyordu
denn das Tier kam immer zu dieser Stunde
çünkü canavar o saatte gelmeyi asla ihmal etmezdi
Es gab nur eine Sache, die Schönheit betraf
güzellikle ilgili tek bir şey vardı
jeden Abend, bevor sie ins Bett ging, stellte ihr das Biest die gleiche Frage
her gece yatmadan önce canavar ona aynı soruyu soruyordu
Das Monster fragte sie, ob sie seine Frau werden wolle
canavar ona karısı olup olmayacağını sordu
Eines Tages sagte sie zu ihm: „Biest, du machst mir große Sorgen."
bir gün ona "canavar, beni çok huzursuz ediyorsun" dedi
„**Ich wünschte, ich könnte einwilligen, dich zu heiraten"**

"Keşke seninle evlenmeyi kabul edebilseydim"
„Aber ich bin zu aufrichtig, um dir zu glauben zu machen, dass ich dich heiraten würde"
"ama seni evleneceğime inandıracak kadar samimi değilim"
„Unsere Ehe wird nie stattfinden"
"evliliğimiz asla gerçekleşmeyecek"
„Ich werde dich immer als Freund sehen"
"Seni her zaman bir arkadaş olarak göreceğim"
„Bitte versuchen Sie, damit zufrieden zu sein"
"lütfen bununla yetinmeye çalışın"
„Damit muss ich zufrieden sein", sagte das Tier
"Bundan memnun olmalıyım" dedi canavar
„Ich kenne mein eigenes Unglück"
"Kendi talihsizliğimi biliyorum"
„aber ich liebe dich mit der zärtlichsten Zuneigung"
şefkatli sevgiyle seviyorum "
„Ich sollte mich jedoch als glücklich betrachten"
"Ancak kendimi mutlu saymalıyım"
"und ich würde mich freuen, wenn du hier bleibst"
"ve burada kalacağın için mutlu olmalıyım"
„versprich mir, mich nie zu verlassen"
"beni asla terk etmeyeceğine söz ver"
Schönheit errötete bei diesen Worten
güzellik bu sözlere kızardı
Eines Tages schaute die Schönheit in ihren Spiegel
bir gün güzel aynaya bakıyordu
ihr Vater hatte sich schreckliche Sorgen um sie gemacht
babası onun için çok endişelenmişti
sie sehnte sich mehr denn je danach, ihn wiederzusehen
onu her zamankinden daha çok tekrar görmeyi özlemişti
„Ich könnte versprechen, dich nie ganz zu verlassen"
"Seni asla tamamen terk etmeyeceğime söz verebilirim"
„aber ich habe so ein großes Verlangen, meinen Vater zu sehen"
"ama babamı görmeyi çok istiyorum"
„Ich wäre unendlich verärgert, wenn Sie nein sagen

würden"
"Hayır dersen inanılmaz derecede üzülürüm"
"Ich würde lieber selbst sterben", sagte das Monster
"Ben kendim ölmeyi tercih ederim" dedi canavar
„Ich würde lieber sterben, als dir Unbehagen zu bereiten"
"Seni huzursuz etmektense ölmeyi tercih ederim"
„Ich werde dich zu deinem Vater schicken"
"Seni babana göndereceğim"
„Du sollst bei ihm bleiben"
"Onunla kalacaksın"
"und dieses unglückliche Tier wird stattdessen vor Kummer sterben"
"ve bu talihsiz canavar bunun yerine kederle ölecek"
"Nein", sagte die Schönheit weinend
"Hayır," dedi güzellik ağlayarak
„Ich liebe dich zu sehr, um die Ursache deines Todes zu sein"
"Seni ölümüne sebep olacak kadar çok seviyorum"
„Ich verspreche Ihnen, in einer Woche wiederzukommen"
"Sana bir hafta içinde döneceğime dair söz veriyorum"
„Du hast mir gezeigt, dass meine Schwestern verheiratet sind"
"Bana kızkardeşlerimin evli olduğunu gösterdin"
„und meine Brüder sind zur Armee gegangen"
"ve kardeşlerim orduya gittiler"
"Lass mich eine Woche bei meinem Vater bleiben, da er allein ist"
"Babam yalnız olduğu için bir hafta onunla kalmama izin ver"
"Morgen früh wirst du dort sein", sagte das Tier
"Yarın sabah orada olacaksın" dedi canavar
„Aber denk an dein Versprechen"
"ama sözünü hatırla"
„Sie brauchen Ihren Ring nur auf den Tisch zu legen, bevor Sie zu Bett gehen."
"Yatmadan önce yüzüğünüzü masanın üzerine koymanız yeterli"

"Und dann werdet ihr vor dem Morgen zurückgebracht"
"ve sonra sabah olmadan geri getirileceksiniz"
„Lebe wohl, liebe Schönheit", seufzte das Tier
"Elveda sevgili güzellik," diye iç çekti canavar
Die Schönheit ging an diesem Abend sehr traurig ins Bett
güzellik o gece çok üzgün bir şekilde yatağa girdi
weil sie das Tier nicht so besorgt sehen wollte
çünkü canavarın bu kadar endişeli olmasını istemiyordu
am nächsten Morgen fand sie sich im Haus ihres Vaters wieder
Ertesi sabah kendini babasının evinde buldu
sie läutete eine kleine Glocke neben ihrem Bett
yatağının yanındaki küçük zili çaldı
und das Dienstmädchen stieß einen lauten Schrei aus
ve hizmetçi yüksek sesle çığlık attı
und ihr Vater rannte nach oben
ve babası yukarı koştu
er dachte, er würde vor Freude sterben
sevinçten öleceğini sanıyordu
er hielt sie eine Viertelstunde lang in seinen Armen
onu çeyrek saat boyunca kollarında tuttu
irgendwann waren die ersten Grüße vorbei
sonunda ilk selamlaşmalar bitti
Schönheit begann daran zu denken, aus dem Bett zu steigen
güzellik yataktan çıkmayı düşünmeye başladı
aber sie merkte, dass sie keine Kleidung mitgebracht hatte
ama yanına hiç kıyafet almadığını fark etti
aber das Dienstmädchen sagte ihr, sie habe eine Kiste gefunden
ama hizmetçi ona bir kutu bulduğunu söyledi
der große Koffer war voller Kleider und Kleider
büyük sandık elbiseler ve elbiselerle doluydu
jedes Kleid war mit Gold und Diamanten bedeckt
her elbise altın ve elmaslarla kaplıydı
Schönheit dankte dem Tier für seine freundliche Pflege
güzel, canavara nazik bakımı için teşekkür etti

und sie nahm eines der schlichtesten Kleider
ve en sade elbiselerden birini aldı
Die anderen Kleider wollte sie ihren Schwestern schenken
diğer elbiseleri kız kardeşlerine vermeyi düşünüyordu
aber bei diesem Gedanken verschwand die Kleidertruhe
ama bu düşünceyle giysi sandığı kayboldu
Das Biest hatte darauf bestanden, dass die Kleidung nur für sie sei
canavar kıyafetlerin sadece kendisi için olduğunu iddia etmişti
ihr Vater sagte ihr, dass dies der Fall sei
babası ona durumun böyle olduğunu söyledi
und sofort kam die Kleidertruhe wieder zurück
ve hemen giysi sandığı geri geldi
Schönheit kleidete sich mit ihren neuen Kleidern
güzel yeni elbiselerini giydi
und in der Zwischenzeit gingen die Mägde los, um ihre Schwestern zu finden
ve bu arada hizmetçiler kız kardeşlerini bulmaya gittiler
Ihre beiden Schwestern waren mit ihren Ehemännern
her iki kız kardeşi de kocalarıyla birlikteydi
aber ihre beiden Schwestern waren sehr unglücklich
ama her iki kız kardeşi de çok mutsuzdu
Ihre älteste Schwester hatte einen sehr gutaussehenden Herrn geheiratet
en büyük kız kardeşi çok yakışıklı bir beyefendiyle evlenmişti
aber er war so selbstgefällig, dass er seine Frau vernachlässigte
ama o kadar kendine düşkündü ki karısını ihmal ediyordu
Ihre zweite Schwester hatte einen geistreichen Mann geheiratet
ikinci kız kardeşi nüktedan bir adamla evlenmişti
aber er nutzte seinen Witz, um die Leute zu quälen
ama o, zekâsını insanlara eziyet etmek için kullandı
und am meisten quälte er seine Frau
ve karısına en çok eziyet eden oydu

Die Schwestern der Schönheit sahen sie wie eine Prinzessin gekleidet
Güzelin kız kardeşleri onu bir prenses gibi giyinmiş halde gördüler
und sie waren krank vor Neid
ve kıskançlıktan hasta oldular
jetzt war sie schöner als je zuvor
şimdi her zamankinden daha güzeldi
ihr liebevolles Verhalten konnte ihre Eifersucht nicht unterdrücken
onun şefkatli davranışları onların kıskançlığını bastıramadı
Sie erzählte ihnen, wie glücklich sie mit dem Tier war
onlara canavarla ne kadar mutlu olduğunu anlattı
und ihre Eifersucht war kurz vor dem Platzen
ve kıskançlıkları patlamaya hazırdı
Sie gingen in den Garten, um über ihr Unglück zu weinen
Başlarına gelen felaketi ağlamak için bahçeye indiler
„Inwiefern ist dieses kleine Geschöpf besser als wir?"
"Bu küçük yaratık hangi bakımdan bizden daha iyi?"
„Warum sollte sie so viel glücklicher sein?"
"Neden bu kadar mutlu olsun ki?"
„Schwester", sagte die ältere Schwester
"Kızkardeşim" dedi abla
„Mir ist gerade ein Gedanke gekommen"
"aklıma bir düşünce geldi"
„Versuchen wir, sie länger als eine Woche hier zu behalten"
"Onu bir haftadan fazla burada tutmaya çalışalım"
„Vielleicht macht das das dumme Monster wütend"
"belki bu aptal canavarı çileden çıkarır"
„weil sie ihr Wort gebrochen hätte"
"çünkü sözünü bozmuş olurdu"
"und dann könnte er sie verschlingen"
"ve sonra onu yiyebilir"
"Das ist eine tolle Idee", antwortete die andere Schwester
"Bu harika bir fikir," diye cevapladı diğer kız kardeş
„Wir müssen ihr so viel Freundlichkeit wie möglich

entgegenbringen"
"Ona mümkün olduğunca çok nezaket göstermeliyiz"
Die Schwestern fassten den Entschluss
kız kardeşler bunu kararlaştırdılar
und sie verhielten sich sehr liebevoll gegenüber ihrer Schwester
ve kız kardeşlerine karşı çok şefkatli davrandılar
Die arme Schönheit weinte vor Freude über all ihre Freundlichkeit
zavallı güzellik onların tüm nezaketinden dolayı sevinçten ağladı
Als die Woche um war, weinten sie und rauften sich die Haare
hafta dolduğunda ağladılar ve saçlarını yoldular
es schien ihnen so leid zu tun, sich von ihr zu trennen
ondan ayrılmak onları çok üzmüş gibi görünüyordu
und die Schönheit versprach, noch eine Woche länger zu bleiben
ve güzellik bir hafta daha kalmaya söz verdi
In der Zwischenzeit konnte die Schönheit nicht umhin, über sich selbst nachzudenken
Bu arada güzellik kendini düşünmekten kendini alamadı
sie machte sich Sorgen darüber, was sie dem armen Tier antat
zavallı hayvana ne yaptığı konusunda endişeliydi
Sie wusste, dass sie ihn aufrichtig liebte
onu içtenlikle sevdiğini biliyordu
und sie sehnte sich wirklich danach, ihn wiederzusehen
ve onu tekrar görmeyi gerçekten çok istiyordu
Auch die zehnte Nacht verbrachte sie bei ihrem Vater
babasının yanında geçirdiği onuncu gece de
sie träumte, sie sei im Schlossgarten
saray bahçesinde olduğunu hayal etti
und sie träumte, sie sähe das Tier ausgestreckt im Gras liegen
ve canavarın çimenlerin üzerinde uzandığını gördüğünü

hayal etti
er schien ihr mit sterbender Stimme Vorwürfe zu machen
ölmek üzere olan bir sesle ona sitem ediyor gibiydi
und er warf ihr Undankbarkeit vor
ve onu nankörlükle suçladı
Schönheit erwachte aus ihrem Schlaf
güzellik uykudan uyandı
und sie brach in Tränen aus
ve gözyaşlarına boğuldu
„Bin ich nicht sehr böse?"
"Ben çok kötü değil miyim?"
„War es nicht grausam von mir, so unfreundlich gegenüber dem Tier zu sein?"
"Canavara karşı bu kadar acımasız davranmam zalimlik değil miydi?"
„Das Biest hat alles getan, um mir zu gefallen"
"canavar beni memnun etmek için her şeyi yaptı"
"Ist es seine Schuld, dass er so hässlich ist?"
"Bu kadar çirkin olması onun suçu mu?"
„Ist es seine Schuld, dass er so wenig Verstand hat?"
"Bu kadar az zekaya sahip olması onun suçu mu?"
„Er ist freundlich und gut, und das genügt"
"O nazik ve iyidir ve bu yeterlidir"
„Warum habe ich mich geweigert, ihn zu heiraten?"
"Onunla evlenmeyi neden reddettim?"
„Ich sollte mit dem Monster glücklich sein"
"Canavardan memnun olmalıyım"
„Schau dir die Männer meiner Schwestern an"
"kız kardeşlerimin kocalarına bakın"
„Weder Witz noch Schönheit machen sie gut"
"ne nüktedanlık, ne de yakışıklılık onları iyi yapmaz"
„Keiner ihrer Ehemänner macht sie glücklich"
"kocalarından hiçbiri onları mutlu etmiyor"
„sondern Tugend, Sanftmut und Geduld"
"ama erdem, tatlı huyluluk ve sabır"
„Diese Dinge machen eine Frau glücklich"

"Bu şeyler bir kadını mutlu eder"
„und das Tier hat all diese wertvollen Eigenschaften"
"ve canavarın tüm bu değerli nitelikleri var"
„es ist wahr, ich empfinde keine Zärtlichkeit und Zuneigung für ihn"
"doğrudur; ona karşı şefkat ve sevgi hissetmiyorum"
„aber ich empfinde für ihn die allergrößte Dankbarkeit"
"ama ona karşı en büyük minnettarlığımı hissediyorum"
„und ich habe die höchste Wertschätzung für ihn"
"ve ona en yüksek saygıyı duyuyorum"
"und er ist mein bester Freund"
"ve o benim en iyi arkadaşım"
„Ich werde ihn nicht unglücklich machen"
"Onu perişan etmeyeceğim"
„Wenn ich so undankbar wäre, würde ich mir das nie verzeihen"
"Eğer bu kadar nankör olsaydım kendimi asla affetmezdim"
Schönheit legte ihren Ring auf den Tisch
güzellik yüzüğünü masanın üzerine koydu
und sie ging wieder zu Bett
ve tekrar yatağa gitti
kaum war sie im Bett, da schlief sie ein
yatağa girer girmez uykuya daldı
Sie wachte am nächsten Morgen wieder auf
Ertesi sabah tekrar uyandı
und sie war überglücklich, sich im Palast des Tieres wiederzufinden
ve kendini canavarın sarayında bulduğunda çok sevindi
Sie zog eines ihrer schönsten Kleider an, um ihm zu gefallen
onu memnun etmek için en güzel elbiselerinden birini giydi
und sie wartete geduldig auf den Abend
ve o sabırla akşamı bekledi
kam die ersehnte Stunde
sonunda istenilen saat geldi
die Uhr schlug neun, doch kein Tier erschien
saat dokuzu vurdu, ama hiçbir canavar görünmedi

Schönheit befürchtete dann, sie sei die Ursache seines Todes gewesen
güzellik daha sonra onun ölümüne sebep olanın kendisi olduğundan korktu
Sie rannte weinend durch den ganzen Palast
sarayın her yerinde ağlayarak koştu
nachdem sie ihn überall gesucht hatte, erinnerte sie sich an ihren Traum
onu her yerde aradıktan sonra rüyasını hatırladı
und sie rannte zum Kanal im Garten
ve bahçedeki kanala doğru koştu
Dort fand sie das arme Tier ausgestreckt
orada zavallı hayvanı uzanmış halde buldu
und sie war sicher, dass sie ihn getötet hatte
ve onu öldürdüğünden emindi
sie warf sich ohne Furcht auf ihn
hiç korkmadan onun üzerine atıldı
sein Herz schlug noch
kalbi hala atıyordu
sie holte etwas Wasser aus dem Kanal
kanaldan biraz su aldı
und sie goss das Wasser über seinen Kopf
ve suyu onun başına döktü
Das Tier öffnete seine Augen und sprach mit der Schönheit
canavar gözlerini açtı ve güzellikle konuştu
„Du hast dein Versprechen vergessen"
"Sözünü unuttun"
„Es hat mir das Herz gebrochen, dich verloren zu haben"
"Seni kaybettiğim için çok üzgünüm"
„Ich beschloss, zu hungern"
"Kendimi aç bırakmaya karar verdim"
„aber ich habe das Glück, Sie wiederzusehen"
"ama seni bir kez daha görmenin mutluluğunu yaşıyorum"
„so habe ich das Vergnügen, zufrieden zu sterben"
"bu yüzden tatmin olmuş bir şekilde ölmenin zevkini yaşıyorum"

„Nein, liebes Tier", sagte die Schönheit, „du darfst nicht sterben"
"Hayır, sevgili canavar," dedi güzellik, "ölmemelisin"
„Lebe, um mein Ehemann zu sein"
"Kocam olmak için yaşa"
„Von diesem Augenblick an reiche ich dir meine Hand"
"bu andan itibaren sana elimi uzatıyorum"
„und ich schwöre, niemand anderes als Dein zu sein"
"ve yemin ederim ki senden başkası olmayacağım"
„Ach! Ich dachte, ich hätte nur Freundschaft für dich."
"Ah! Senin için sadece bir dostluk olduğunu sanıyordum"
"aber der Kummer, den ich jetzt fühle, überzeugt mich;"
"ama şimdi hissettiğim keder beni ikna ediyor;"
„Ich kann nicht ohne dich leben"
"Sensiz yaşayamam"
Schönheit hatte diese Worte kaum gesagt, als sie ein Licht sah
güzellik nadir bu sözleri bir ışık gördüğünde söylemişti
der Palast funkelte im Licht
saray ışıkla parlıyordu
Feuerwerk erleuchtete den Himmel
havai fişekler gökyüzünü aydınlattı
und die Luft erfüllt mit Musik
ve hava müzikle doldu
alles kündigte ein großes Ereignis an
her şey büyük bir olayın habercisiydi
aber nichts konnte ihre Aufmerksamkeit fesseln
ama hiçbir şey onun dikkatini çekemedi
sie wandte sich ihrem lieben Tier zu
sevgili canavarına döndü
das Tier, vor dem sie vor Angst zitterte
korkudan titrediği canavar
aber ihre Überraschung über das, was sie sah, war groß!
ama gördüğü şey karşısında şaşkınlığı büyüktü!
das Tier war verschwunden
canavar kaybolmuştu

stattdessen sah sie den schönsten Prinzen
onun yerine en güzel prensi gördü
sie hatte den Zauber beendet
büyüyü bozmuştu
ein Zauber, unter dem er einem Tier ähnelte
bir canavara benzediği bir büyü
dieser Prinz war all ihre Aufmerksamkeit wert
bu prens onun tüm ilgisine layıktı
aber sie konnte nicht anders und musste fragen, wo das Biest war
ama canavarın nerede olduğunu sormaktan kendini alamadı
„**Du siehst ihn zu deinen Füßen**", sagte der Prinz
"Onu ayaklarınızın dibinde görüyorsunuz," dedi prens
„**Eine böse Fee hatte mich verdammt**"
"Kötü bir peri beni lanetlemişti"
„**Ich sollte diese Gestalt behalten, bis eine wunderschöne Prinzessin einwilligte, mich zu heiraten."**
"Güzel bir prenses benimle evlenmeyi kabul edene kadar bu formda kalacaktım"
„**Die Fee hat mein Verständnis verborgen**"
"peri anlayışımı sakladı"
„**Du warst der Einzige, der großzügig genug war, um von meiner guten Laune bezaubert zu sein."**
"Sen benim iyi huyumdan etkilenecek kadar cömert olan tek kişiydin"
Schönheit war angenehm überrascht
güzellik mutlu bir şekilde şaşırdı
und sie gab dem bezaubernden Prinzen ihre Hand
ve büyüleyici prense elini uzattı
Sie gingen zusammen ins Schloss
birlikte kaleye girdiler
und die Schöne war überglücklich, ihren Vater im Schloss zu finden
ve güzel, babasını şatoda bulduğunda çok sevindi
und ihre ganze Familie war auch da
ve tüm ailesi de oradaydı

sogar die schöne Dame, die in ihrem Traum erschienen war, war da
Rüyasında gördüğü güzel kadın bile oradaydı
"Schönheit", sagte die Dame aus dem Traum
"güzellik" dedi rüyadaki kadın
„Komm und empfange deine Belohnung"
"gel ve ödülünü al"
„Sie haben die Tugend dem Witz oder dem Aussehen vorgezogen"
"Zekaya veya görünüşe göre erdemi tercih ettin"
„und Sie verdienen jemanden, in dem diese Eigenschaften vereint sind"
"ve bu niteliklerin birleştiği birini hak ediyorsun"
„Du wirst eine großartige Königin sein"
"harika bir kraliçe olacaksın"
„Ich hoffe, der Thron wird deine Tugend nicht schmälern"
"Umarım taht faziletinizi eksiltmez"
Dann wandte sich die Fee an die beiden Schwestern
sonra peri iki kız kardeşe döndü
„Ich habe in eure Herzen geblickt"
"Kalplerinizin içini gördüm"
„und ich kenne die ganze Bosheit, die in euren Herzen steckt"
"ve kalplerinizin içinde barındırdığı tüm kötülüğü biliyorum"
„Ihr beide werdet zu Statuen"
"İkiniz de heykel olacaksınız"
„Aber ihr werdet euren Verstand bewahren"
"ama siz akıllarınızı koruyacaksınız"
„Du sollst vor den Toren des Palastes deiner Schwester stehen"
"Kız kardeşinin sarayının kapılarında duracaksın"
„Das Glück deiner Schwester soll deine Strafe sein"
"Kardeşinin mutluluğu senin cezan olacak"
„Sie werden nicht in Ihren früheren Zustand zurückkehren können"
"eski hallerinize geri dönemeyeceksiniz"

„es sei denn, Sie beide geben Ihre Fehler zu"
"eğer ikiniz de hatalarınızı kabul etmezseniz"
„Aber ich sehe voraus, dass ihr immer Statuen bleiben werdet"
"ama sizin her zaman heykel olarak kalacağınızı öngörüyorum"
„Stolz, Zorn, Völlerei und Faulheit werden manchmal besiegt"
"gurur, öfke, oburluk ve tembellik bazen yenilir"
„aber die Bekehrung neidischer und böswilliger Gemüter sind Wunder"
" Fakat kıskanç ve kötü niyetli zihinlerin dönüşümü mucizedir"
sofort strich die Fee mit ihrem Zauberstab
peri hemen asasını salladı
und im nächsten Augenblick waren alle im Saal entrückt
ve bir anda salondaki herkes taşındı
Sie waren in die Herrschaftsgebiete des Fürsten eingedrungen
Prensin egemenliğine girmişlerdi
die Untertanen des Prinzen empfingen ihn mit Freude
Prensin tebaası onu sevinçle karşıladı
der Priester heiratete die Schöne und das Biest
rahip güzel ve çirkinle evlendi
und er lebte viele Jahre mit ihr
ve onunla uzun yıllar yaşadı
und ihr Glück war vollkommen
ve mutlulukları tamamlandı
weil ihr Glück auf Tugend beruhte
çünkü onların mutluluğu erdeme dayanıyordu

Das Ende
Son

www.tranzlaty.com

www.ingramcontent.com/pod-product-compliance
Lightning Source LLC
Chambersburg PA
CBHW011552070526
44585CB00023B/2570